CRISTINA AGOSTINHO
ROSA MARGARIDA DE CARVALHO ROCHA

A VALORIZAÇÃO DO POVO NEGRO NO COTIDIANO DA VIDA ESCOLAR

Belo Horizonte
MAZA
edições

Coordenação
Maria Mazarello Rodrigues

Criação e Projeto Gráfico
Ana Raquel

Ilustração
Ana Raquel e Rubem Filho

Montagem e Grafites
Bruno Martins

Fotolito
Multicromo

3ª reimpressão – 2009

Rocha, Rosa Margarida de Carvalho.

R672a Alfabeto Negro / Rosa Margarida de Carvalho Rocha e Cristina Agostinho; ilustrado por Ana Raquel – Belo Horizonte; Mazza Edições, 2001.

56p. il. ; 28 cm.

Acompanha manual do professor.

1. Ensino – Pedagógico-Lúdico. I. Agostinho, Cristina. II. Ana Raquel ilust. III. Título.

CDD 371
CDU 373

Mazza Edições Ltda.
Rua Bragança, 101 – B. Pompéia – *Telefax*: (31) 3481-0591
30280-410 Belo Horizonte – MG
e-mail: edmazza@uai.com.br
www.mazzaedicoes.com.br

Apresentação

O **Alfabeto Negro** é um instrumento concreto de valorização da diversidade ética e cultural do país em consonância com os objetivos dos Novos Parâmetros Curriculares do MEC, no que tange aos seus temas transversais.

O **Alfabeto Negro** municia, em especial, professores e alunos, e leitores em geral, para o combate às idéias preconceituosas que secularmente produzem e reproduzem visões estereotipadas sobre os negros, e que legitimam práticas discriminatórias que conspiram contra a democracia e a igualdade de direitos e oportunidades em nossa sociedade.

Ele representa a vocação inequívoca de parcelas da sociedade brasileira, que acreditam firmemente ser possível a construção de uma sociedade livre, igualitária, fraterna e tolerante.

Sueli Carneiro

Coordenadora do Geledés - SP

Aa

Aa

África
Aleijadinho
atabaque
autoestima
axé

Bb

banzo

beleza

Benedita da Silva

Bob Marley

Brasil

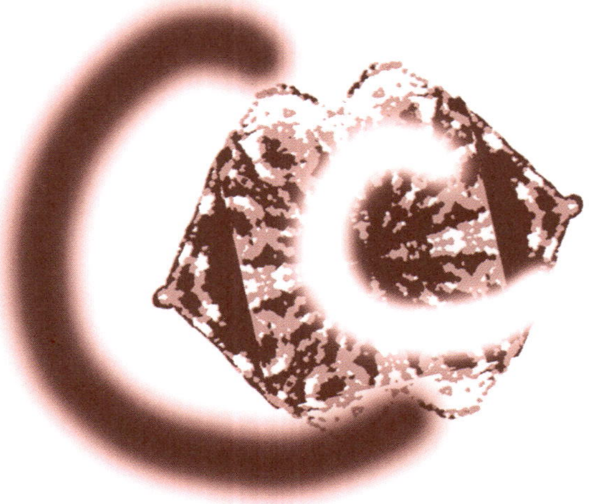

Cc

candomblé

capoeira

congado

consciência

cultura

Dd

Dd

dança

democracia

descendência

dignidade

discriminação

Ee

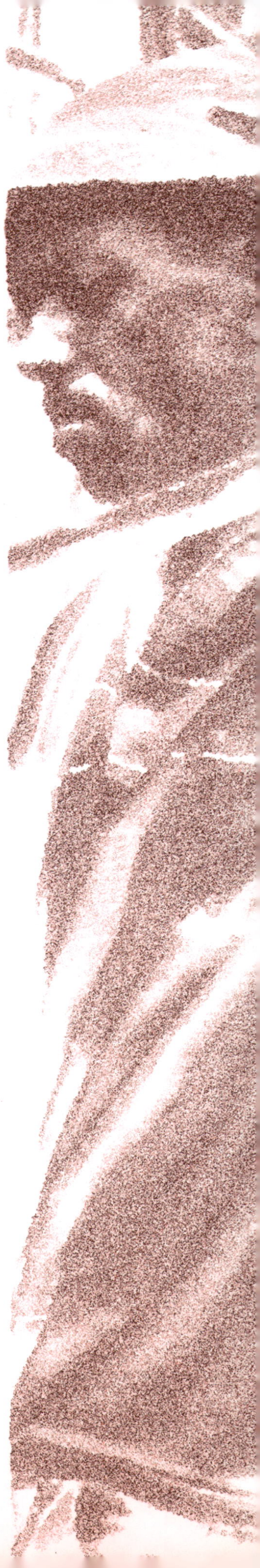

Ee

Egito

Eliseth Cardoso

emancipação

escravização

ética

ÉTICA

Ff

família

feijoada

folclore

fraternidade

futebol

Gg

Gabão

generosidade

Gilberto Gil

globalização

guerreiro

Hh

Haiti

Heitor dos Prazeres

herança

História

humanidade

Princesa
Isabel

46 - 1921

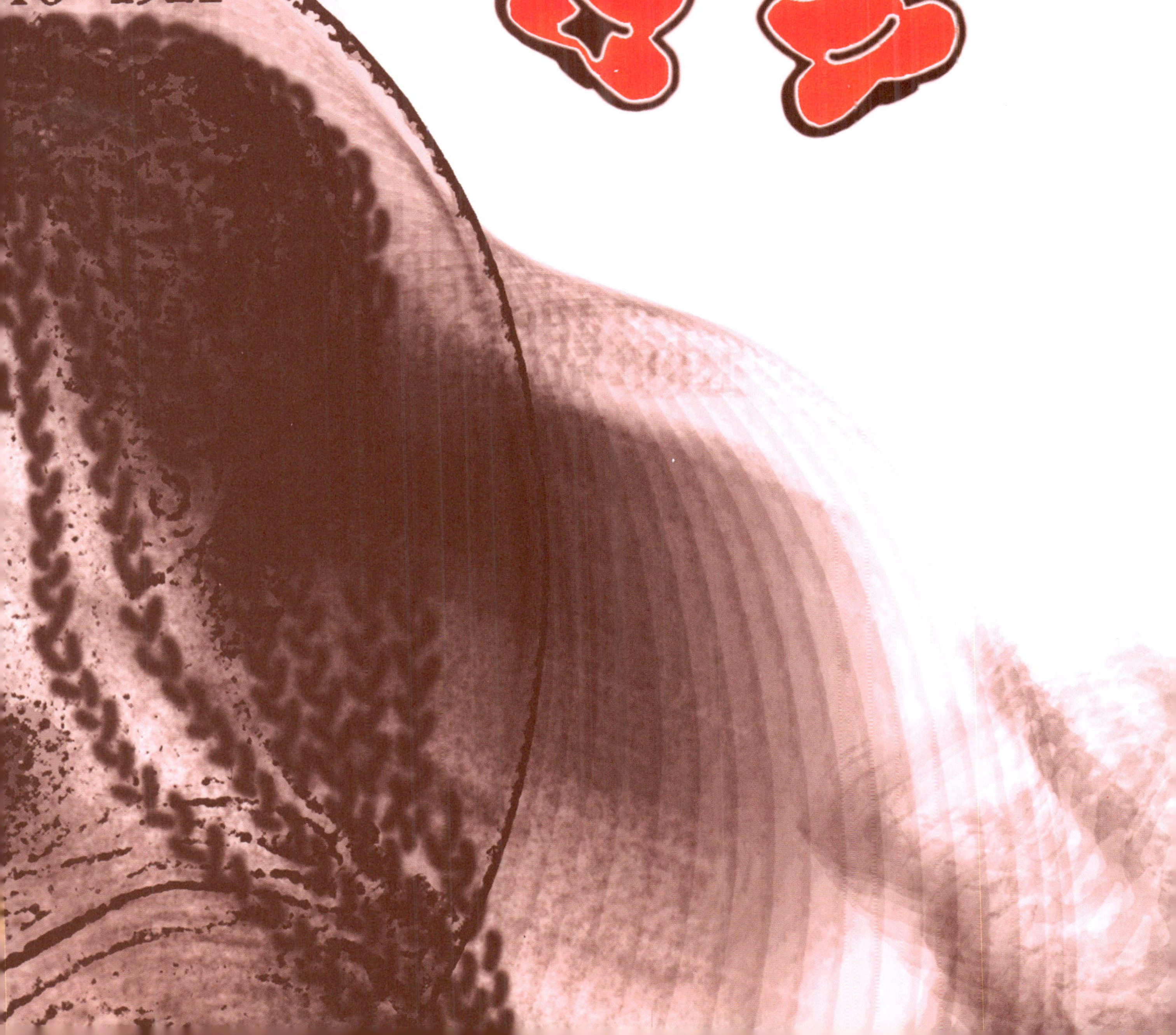

Ii

Ii

identidade

Iemanjá

igualdade

indígena

Iorubá

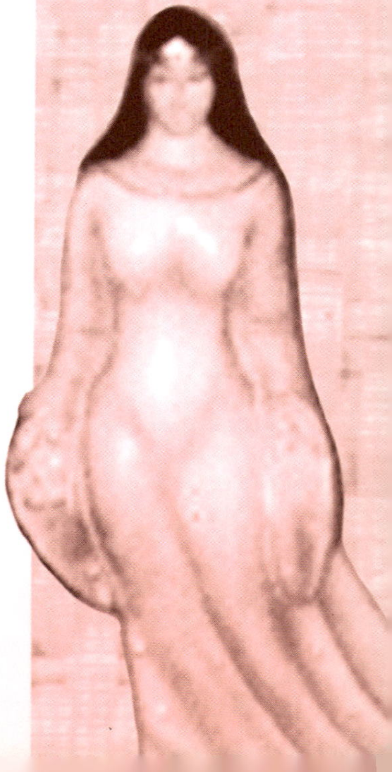

Jj

Jj

Jamaica

jembê

João Cândido

José do Patrocínio

justiça

Browns Town
Ocho Rios
Frankfield
Ewarton
Linstead
Kingston
Spanish Town
Harbour
Port Royal

LI

lei

liberdade

Lima Barreto

Luisa Mahin

luta

Art. 5º. Todos sã
natureza, garant
no País a inviola
à segurança e à
I - homens e mu
II - ninguém ser
III - ninguém se
IV - é livre a ma
V - é assegurad
VI - é inviolável
VII - é assegura
VIII - ninguém s
IX - é livre a exp
X - são invioláve
XI - a casa é asil
XII - é inviolável
XIII - é livre o ex
XIV - é assegura
XV - é livre a loc
XVI - todos pod
XVII - é plena a
XVIII - a criação
XIX - as associaç
XX - ninguém p
XXI - as entidad
XXII - é garanti
XXIII - a proprie
XXIV - a lei esta
XXV - no caso d

perante a lei, sem distinção de qualquer
aos brasileiros e aos estrangeiros residentes
do direito à vida, à liberdade, à igualdade,
ade, nos termos seguintes:
o iguais em direitos e obrigações, nos termos de
do a fazer ou deixar de fazer alguma coisa senão
etido a tortura nem a tratamento desumano ou
o do pensamento, sendo vedado o anonimato;
o de resposta, proporcional ao agravo, além da
ade de consciência e de crença, sendo assegurad
ermos da lei, a prestação de assistência religiosa
ado de direitos por motivo de crença religiosa ou de convicção filosófica
a atividade intelectual, art científica e de comunicação, independen de censura
midade, a vida pri agem das pessoas, assegura direito a enização p
vel do indivíduo, ndo penetrar sem consentime to do morador, salvo em
da correspondênc es telegráficas, de dados e das comunicações telefôni
le uer trabal ão, atendidas as qualificações profissionais que a lei esta
os o o à info do o sigilo da fonte, quando necessário ao exercício profis
no te naci az, p alquer pessoa, nos termos da lei, nele ent
ir-se pa tos ao público, independentemente de autoriza
e de asso caráter paramilitar;
ciações e, s independem de autorização, sendo vedada a inter
oderão se as ou ter suas atividades suspensas por decisão judicia
r compeli ecer associado;
ativas, qu orizadas, têm legitimidade para representar seus filiados ju
ito de prop
nderá a sua
o procediment ação por necessidade ou utilidade pública, ou por interesse s
te perigo públic mpetente poderá usar de propriedade particular, assegurad

Mm

Mm

Machado de Assis
miscigenação
Moçambique
mulher
música

Nn 

Nn

Nação

Nagô

negritude

Nelson Mandela

Nigéria

Oo

opressão

oralidade

Orfeu

origem

Orixá

Pp

participação

Pelé

Pixinguinha

poder

povo

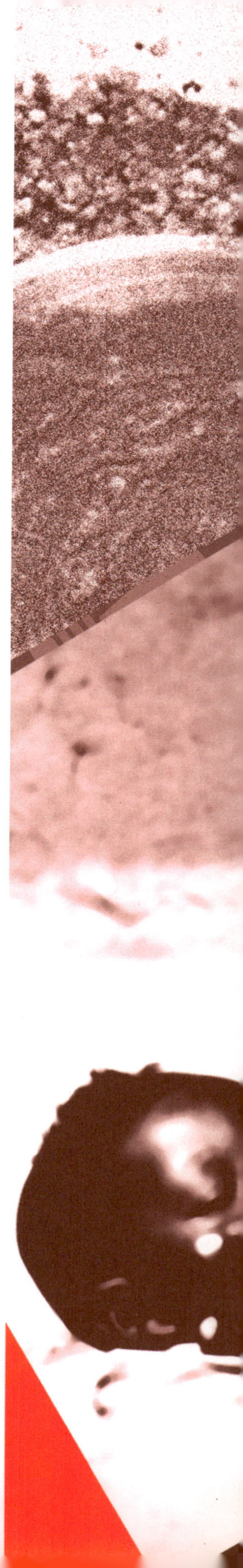

Qq

qualidade

Quênia

quilombo

quitute

quizomba

Rr

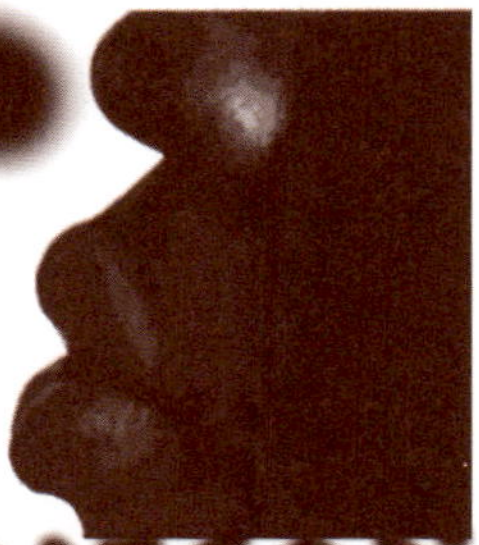

Rr

raça

racismo

reisado

remanescente

resistência

Ss

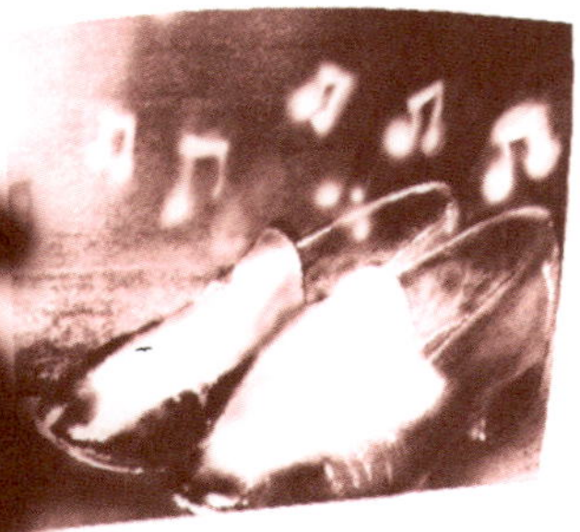

Ss

samba

Senegal

sincretismo

sociedade

solidariedade

Tt

TEN

Tim Maia

Togo

trabalho

tradição

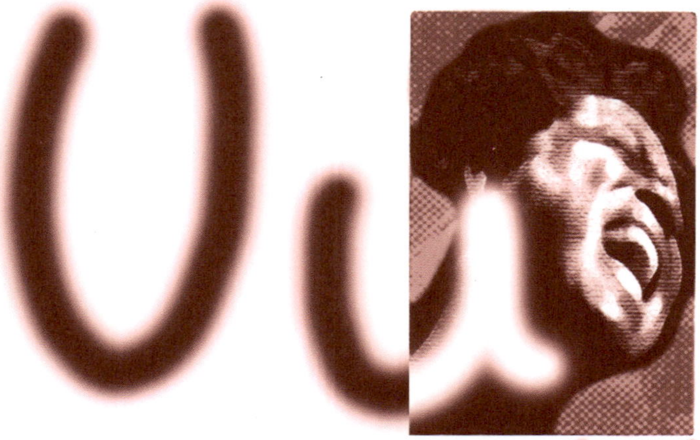

Uu

Uganda
ultraje
umbanda
umbigada
união

Vv

Vv

vatapá

vida

vitória

vodu

vontade

Xx

Xx

Xangô

Xica da Silva

Xerê

xinxim

Xogum

Zz

Zz

Zâmbia

Zezé Motta

Zé Kéti

Zumbi

Mbala
Likasi
LUBUMBASHI
Chingula
Kitwe
Ndola
ZÂMBIA
LUSAKA
Chipata
Maramba
HARARE
Blantyre

GLOSSÁRIO

ALEIJADINHO: Antônio Francisco Lisboa, chamado *O Aleijadinho,* nasceu em Ouro Preto, Minas Gerais, em 1730, e morreu na mesma cidade em 1814. Escultor e arquiteto, foi o artista mais importante do Brasil colonial. Vítima de uma doença mutilante, viu-se obrigado a usar o martelo e o cinzel atados às mãos para poder esculpir, em estilo barroco, a maior parte de seus púlpitos, altares, portadas, imagens e estátuas, de muitas igrejas de Minas Gerais.

AUTOESTIMA: *imagem ou conceito positivo de si próprio.*

Para os homens negros e as mulheres negras, a construção de uma imagem positiva, essencial para o desenvolvimento da autoestima, foi sempre dificultada. Vivendo em uma sociedade que os discrimina, eles internalizam imagens negativas de seu povo e de si próprios.

Espera-se que, gradativamente, esse quadro possa ser mudado. Através de um maior conhecimento e valorização da cultura africana, os afro-descendentes poderão se autoafirmar etnicamente e construir sua identidade, elevando sua autoestima.

BANZO: saudade da África. A tristeza dos negros escravizados, na forma de saudade da sua terra natal, era tão grande que levava ao enlouquecimento ou à morte. Muitos negros, tomados pelo *banzo,* suicidavam-se comendo terra, enforcando-se ou envenenando-se.

CANDOMBLÉ: religião de origem africana que cultua as energias da natureza na forma de orixás. A sede onde se pratica a religião. Ex.: Roça de candomblé (igual a terreiro).

O candomblé significou para o escravo um elo com o mundo africano de onde foi arrancado. Essa religião, sem dúvida, foi um mecanismo de resistência cultural.

CONSCIÊNCIA: *conhecimento. Noção. Ideia. Noção do que se passa em nós. Percepção mais ou menos clara dos fenômenos que nos informam a respeito da nossa própria existência.*

Consciência negra: reconhecimento de suas origens étnicas. Afirmação da identidade racial. Orgulho e valorização das raízes africanas.

CULTURA: *é o modo de vida de um povo, o ambiente que um grupo de seres humanos, ocupando um território comum, criou, na forma de ideias, instituições, linguagem, instrumentos, serviços e sentimentos.*

Cultura negra: os povos africanos tinham uma forma própria de organização social e uma maneira de se relacionar com o meio ambiente que era muito diferente daquela propiciada pela visão de mundo europeia.

Na cultura africana, a pessoa humana é vista como uma totalidade integrada à terra e à natureza, cujos elementos são deificados. Os valores morais, sociais e ecológicos representam-se através das religiões, dos ritos e das artes em geral.

O Brasil é herdeiro dessa cultura que nos influencia há mais de quatrocentos anos!

DEMOCRACIA: *é o governo no qual o povo, titular da soberania, ou a exerce diretamente ou por meio de seus representantes. Geralmente define-se democracia como o governo do povo, pelo povo e para o povo, querendo, com isso, dizer que, na democracia, o povo além de titular da soberania, a exerce por si mesmo, ou por delegação expressa em benefício do próprio povo.*

Democracia racial: a ideologia da democracia racial preconiza que as relações raciais no Brasil foram construídas através de interações sociais predominantemente harmônicas e tolerantes; que os senhores de engenho foram generosos e afetuosos com os africanos escravizados.

Ainda hoje existem defensores desta ideia, apresentando o Brasil como um "paraíso racial" de negros e brancos. Mas sabemos que essa ideologia foi uma estratégia perversa para impedir o povo negro de perceber o caráter racista da sociedade e do Estado brasileiro e de se organizar politicamente.

DESCENDÊNCIA: *série de indivíduos que procedem de um progenitor comum.*

Descendência afro-brasileira: diz-se dos indivíduos que nasceram no Brasil, mas que têm sua origem nos africanos que foram trazidos como escravos para o Brasil.

DISCRIMINAÇÃO: *ação de discriminar; separação, distinção, tratamento desfavorável.*

Discriminação racial: tratamento depreciativo dado a pessoas de determinada raça. Os afro-descendentes são vítimas da discriminação racial. Pela atual legislação brasileira, a discriminação racial é crime imprescritível, inafiançável e prevê reclusão.

ESCRAVIZAÇÃO: *ato de escravizar. É a redução de um ser humano à condição de escravo.*

Escravização no Brasil: no século XVI, os africanos foram trazidos como escravos para o Brasil. O sistema escravista perversamente transformava homens e mulheres negras em "coisas", tentando destruir sua identidade, sua cultura, suas lembranças. Esse sistema se prolongou por três séculos e meio.

HEITOR DOS PRAZERES: músico popular e pintor brasileiro. Nasceu no Rio de Janeiro em 1898, onde faleceu em 1966. Autor de sucessos como *Mulher de Malandro, Pierrô Apaixonado, Lá em Mangueira.* Pintor autodidata, aproveitava como temas cenas do samba, da macumba e do trabalho rural.

IDENTIDADE: *é o conjunto de caracteres próprios e exclusivos de uma pessoa. Consciência que alguém tem de si mesmo.*

Identidade étnica: "É o reconhecimento, por parte de indivíduos e grupos, de pertencer à determinada tribo ou povo. A existência de traços comuns como fenótipo, cultura e história é a base para a construção da identidade étnica." (Diva Moreira, *in* Zumbi dos Palmares)

JOÃO CÂNDIDO: *principal líder da revolta dos marinheiros. Gaúcho de Encruzilhada, ele passou à história como o "almirante negro", o primeiro e único marujo a comandar uma armada.*

A revolta dos marinheiros, iniciada em 22 de novembro de 1910, foi um protesto contra o uso da chibata e de outros castigos físicos infames, e por melhores condições de vida e trabalho para os marinheiros. Estes, em sua maioria, eram negros. O governo foi obrigado a ceder.

Essa revolta se tornou um marco da resistência negra na história do Brasil.

JOSÉ DO PATROCÍNIO (1854-1905): jornalista, orador e escritor. Uma das mais destacadas figuras da campanha abolicionista. Filho de uma escrava alforriada e do Cônego João Monteiro, não lutou pela abolição apenas por meio da palavra; foi além, chegando a dar fuga a escravos e a criar núcleos abolicionistas. Foi membro fundador da Academia Brasileira de Letras.

LIMA BARRETO (1881-1922): um dos mais importantes escritores de romance urbano e de crítica social no Brasil. Os personagens dos seus livros são gente humilde dos subúrbios cariocas. Principais obras: *Recordações do Escrivão Isaías Caminha* e *Triste Fim de Policarpo Quaresma.*

LUIZA MAHIN: nascida na África, foi uma das principais organizadoras da Revolta dos Malês, na Bahia, em 1835. Fugiu da repressão e foi viver no Rio de Janeiro, onde também participou de muitas revoltas.

MACHADO DE ASSIS (1839-1908): um dos maiores escritores da língua portuguesa. Escreveu romances, contos, poesias, crônicas e peças de teatro. De família humilde, foi criado no Morro do Juramento, Rio de Janeiro. Trabalhou a maior parte da vida como funcionário público, mas escrevia também para os jornais da época. Em seus romances e contos, criou uma linguagem nova e aprofundou a análise social. *Dom casmurro* e *Memórias Póstumas de Brás Cubas* são seus romances mais importantes.

MISCIGENAÇÃO: *cruzamento inter-racial. Mestiçagem.*

A miscigenação, que tem uma característica espontânea e natural, foi transformada pelas elites brasileiras em estratégia visando ao branqueamento, melhoramento da população do Brasil, que era predominantemente negra.

NAGÔ: forma designativa dos grupos étnicos da África Ocidental (Nigéria e Gana) de cultura Iorubá. Os Nagôs tiveram grande influência social e religiosa no Brasil, conservando, por meio dos processos de aculturação, seus mitos e tradições sacras do candomblé, os instrumentos musicais e a culinária que se tornou típica na Bahia.

NEGRITUDE: *condição das pessoas de raça negra. Conjunto de valores culturais e espirituais do mundo negro.*

A valorização da negritude tem sido uma das estratégias escolhidas pelos movimentos sociais negros para a elevação da consciência da comunidade afro-brasileira, para a luta contra o racismo e suas mais diversas manifestações.

NELSON MANDELA: é o maior líder negro vivo. Nasceu na África do Sul, em 1920. Aos 23 anos, fundou a *Liga da Juventude do Congresso Nacional Africano,* para lutar contra o regime branco de forma mais ativa. Dirigiu a campanha de desobediência civil às leis racistas do *Apartheid.* Foi preso em 1962 e permaneceu na prisão até1990, apesar dos movimentos internacionais de solidariedade. A partir de sua libertação, Mandela retomou a direção do Congresso Nacional Africano e orientou o processo de negociações que levou ao fim do *Apartheid.* Foi eleito Presidente da África do Sul de 1994 a 1999.

PIXINGUINHA (1898-1973): saxofonista e compositor popular brasileiro, é autor de composições de grande sucesso, como: *Carinhoso; Rosa; Ai, eu queria; Mentirosa;* e *Por quem sofrer.*

QUILOMBO: *aldeia organizada por negros que fugiam da escravidão. Estas comunidades proliferaram como sinal de protesto contra as condições desumanas a que os escravos estavam sujeitos.*

Existiram muitos quilombos espalhados pelo Brasil. Palmares foi o mais importante deles.

Os quilombos foram refúgio de muitos brasileiros que eram marginalizados pela sociedade escravista. Formavam uma sociedade multirracial composta de negros, índios e brancos pobres.

RACISMO: *trata-se de uma estrutura de poder, de dominação, baseada na ideologia da existência de uma hierarquia entre as "raças" humanas, estando na base os negros e todos os povos não-brancos e, no topo da hierarquia, os brancos ou euro-descendentes.*

No Brasil não existem leis segregacionistas, nem que proclamem oficialmente a inferioridade do povo negro. Também não se registram grandes conflitos públicos e violência racial. Mas uma das várias formas de perceber o racismo no Brasil é verificar a situação de desigualdade e exclusão da população negra em relação à população branca.

REMANESCENTE: *que remanesce, que resta. O que fica de um todo depois de retirada uma parte.*

Remanescentes de quilombos: são comunidades negras, descendentes dos quilombolas. Em 1988, o artigo 216 da Constituição Federal incluiu os "remanescentes de quilombos" como integrantes do patrimônio histórico do País e o artigo 68, das "Disposições transitórias", garantiu o direito de propriedade sobre as terras que ocupam.

O Governo Federal vem fazendo o mapeamento destes quilombos, mas ainda não se tem o número preciso deles. São geralmente isolados e em terras remotas.

RESISTÊNCIA: *oposição, reação, recusa de submissão à vontade de outrem.*

Resistência negra: foram as formas de reação do povo negro contra a violência do escravismo. Resistência para conservar sua humanidade, para não perder sua identidade cultural.

A resistência negra aconteceu através de fugas, suicídios, assassinatos de senhores, feitores e capitães-do-mato; rejeição ao trabalho e também por seus cultos, rezas e danças. A formação de quilombos foi a forma mais elaborada de resistência empreendida pelos escravos. Lamentavelmente, essa história da resistência do povo negro brasileiro ainda não foi bem contada pela história oficial.

SINCRETISMO: *sistema que consiste em conciliar os princípios de várias doutrinas.*

Os africanos que chegavam ao Brasil eram povos de diferentes culturas e etnias. Com o tempo começavam a mesclar cultos, crenças e deuses.

O sincretismo de divindades africanas com santos católicos foi adotado como forma de fugir à perseguição da igreja, que condenava as religiões africanas. Foi também uma forma de resistência adotada pelos africanos no Brasil para poderem manter o culto às divindades, aos orixás.

TEN: Teatro Experimental do Negro-TEN. Criado em 1944, foi uma das organizações negras que estimularam a participação política e cultural dos afro-descendentes. Esse grupo, liderado por Abdias do Nascimento, apresentava peças sobre a vida e a luta do povo negro.

ZUMBI: *o nome Zumbi, para alguns historiadores, significa "Deus da guerra".*

Zumbi foi o último chefe guerreiro do Quilombo dos Palmares.

Hoje, Zumbi é o principal símbolo de resistência do povo negro. Só muito recentemente é que foi reconhecido como herói nacional, pois as revoltas de Palmares foram ignoradas ou tratadas como episódios marginais pela história oficial brasileira.

Ele morreu no dia 20 de novembro de 1695, aos 40 anos de idade.

---

*P.S.: Bibliografia consultada para os conceitos de **cultura** e **democracia**, respectivamente.*

Nova Enciclopédia Barsa, São Paulo: Encyclopédia Britânica do Brasil Publicações, 1998.

Enciclopédia Mirador Internacional, São Paulo: Encyclopaédia Britânica do Brasil Publicações Ltda.

IMPRESSÃO E ACABAMENTO:
YANGRAF Fone/Fax: 2095-7722
e-mail:santana@yangraf.com.br